AF509397

MÉMOIRE

A l'appui de la requête présentée par le Capitaine
de frégate en retraite **LOPEZ,**

Justum ac tenacem propositi virum,
Impavidum feriunt ruinæ.

Loi de 1834 sur l'état des Officiers

La retraite est la position définitive de l'officier *rendu à la vie civile* et *admis* à la jouissance d'une pension, conformément *aux lois* en vigueur.

Atteint par une mise en retraite d'office aussi prématurée qu'injuste, j'ai dû rechercher s'il existait des dispositions légales qui autorisassent un pareil traitement.

Il paraît, au premier abord, contraire à l'équité qu'un officier puisse, sans avoir été entendu, voir briser une carrière encore longue à parcourir.

Si, par un fâcheux hasard, la prévoyance de la loi avait été en défaut, l'officier frappé, même sans motifs légitimes, n'avait qu'à courber la tête, sinon c'était plus qu'un droit, c'était un devoir pour l'officier ainsi frappé de relever la tête, de faire face à la tourmente et de réclamer des juges pour sauver l'honneur de ses services.

A l'examen, les différents textes de loi, l'esprit du législateur, sont formels à cet endroit. Seule, la jurisprudence du Conseil d'Etat, malheureusement inspirée d'errements administratifs antérieurs à la loi de 1834, s'est prononcée pour le droit du Ministre à mettre en retraite d'office et sans garanties aucune.

Démontrer la volonté expresse de la loi de 1834, et par suite l'erreur inhérente à toutes les dispositions contraires; demander, sans me couvrir de ce que je crois avoir démontré être mon droit absolu parce qu'il est légal; demander que l'exécution de la mesure prise à mon égard soit suspendue jusqu'à l'avis d'un conseil d'enquête dûment et légalement convoqué, tel est le but que je me suis proposé dans ce Mémoire.

LOPEZ, .

Capitaine de frégate en retraite.

Par suite d'un vote de l'Assemblée nationale, qui réglait à nouveau les cadres des officiers de vaisseau, une réduction d'un quart environ devait être faite sur le cadre des capitaines de frégate, et la Commission du budget pressait le Ministre de la marine de rentrer dans les limites qui avaient été déterminées.

Un honorable député, M. Vandier, ancien officier de marine, vint défendre à la tribune la cause de ses anciens camarades. Sans rien préjuger sur la valeur des moyens qu'il présentait, il restait bien constant que son projet évitait l'arbitraire. Plût au ciel qu'il eût été entendu.

Il était digne d'un pays tel que le nôtre, alors que les circonstances obligeaient à sacrifier des officiers, que ces derniers fussent au moins congédiés avec tous les égards dus à leurs services et à leur infortune présente.

M. le Ministre ne l'a pas pensé, et d'un acte qui ne pouvait se présenter que comme une mesure générale à laquelle devaient participer tous les officiers, il a fait une mesure d'exception.

Voici, du reste, un extrait du discours qu'il a prononcé dans la séance du 29 Juillet 1875 :

« Vous comprenez, Messieurs, que demain, dans nos ports, les officiers qui ont la santé affaiblie et qui, par des circonstances peut-être indépendantes de leur volonté, n'ont pu déployer toute l'activité qu'ils auraient désiré consacrer au service de l'État, vont lire votre discours d'aujourd'hui et se trouveront menacés. »

M. Vandier. — Ils le sont menacés.

M. Le Ministre. — Mais il faut bien le dire. Il n'y a qu'un procédé employé jusqu'à présent pour diminuer les cadres. Ce sont les retraites par extinction d'abord, puis les retraites d'office (1).

Les retraites par extinction, lorsqu'il n'y a pas nécessité absolue d'arriver à la prompte diminution des cadres. *Les retraites d'office, au contraire, lorsque cette nécessité s'impose.*

Aucun texte de loi ne le dit et la retraite d'office n'est édictée par aucune loi.

C'est ce dernier moyen dont a usé l'amiral Hamelin, et il a mis en retraite d'office, lorsqu'il a pris le Ministère de la marine, 22 capitaines de vaisseau, 59 capitaines de frégate, sans compter les lieutenants de vaisseau.

Et maintenant, Messieurs, comment désigne-t-on ceux des officiers qui doivent être atteints par la retraite d'office ?

------

(1) **Ordonnance du 1er Mars 1831**

36. — Jusqu'à ce que dans les cadres de capitaine de vaisseau et de capitaine de frégate, le nombre des officiers ait été réduit aux proportions de l'article Ier de la présente ordonnance, il ne sera fait de promotion dans ces deux grades que dans la proportion d'une promotion sur deux vacances.

On examine les notes données et les propositions faites par les commandants en chef, les préfets maritimes, on étudie le calepin des officiers ; on voit ceux qui n'ont pas fait preuve d'une activité suffisante, qui se sont ingéniés, comme le disait l'amiral la Roncière, à ne pas fournir cette activité.

Il ne faut pas oublier que les notes sont confidentielles et secrètes et que, quel qu'en soit le motif, des officiers peuvent être poursuivis par des notes qu'ils ne connaissent pas et dont par suite ils ne peuvent pas se justifier, s'il y avait lieu.

On voit quels sont les officiers qui, dans ces conditions, n'arrivent qu'à un certain âge, à un âge un peu avancé, et l'on peut dire que ceux qui n'ont pas rendu des services suffisants comme lieutenants de vaisseau, en rendront encore moins comme capitaines de frégate. Ce sont ces officiers dont on pèse les services et que l'on met à la retraite d'office.

Ceci est encore une procédure secrète.

M. VANDIER. — Par une mesure arbitraire !

M. LE MINISTRE. — *Ce n'est point-là de l'arbitraire, c'est un droit absolu.*

M. VANDIER. — Il est des droits dont il ne faut pas user !

M. LE MINISTRE. — Il faut bien en venir à cette nécessité !

M. VANDIER. — C'est absolument arbitraire !

M. LE MINISTRE. — Vous savez tous, Messieurs, que c'est parfaitement légal.

Tous les jours, dans l'armée comme dans la marine, on met à la retraite d'office, des officiers qui sont usés, dont la santé ne leur permet plus de rendre des services actifs, ou qui, n'ayant pas fait preuve d'une activité suffisante, ne se montreraient pas efficaces dans les grades supérieurs.

Voilà ce qui se fait tous les jours.

Il n'y a pas plus d'arbitraire dans ce procédé que dans l'application du procédé à l'avancement au choix.

Déclaration du maréchal SOULT, ministre de la guerre et président du Conseil des Ministres à la présentation de la loi de 1834.

Mais qu'a fait le Roi? A-t-il voulu jouir de cette prérogative? Du tout. Il s'est lui-même imposé des limites, il a restreint cette faculté.

Ainsi, par l'ordonnance du 2 novembre, il a indiqué que des *Conseils d'enquête seraient toujours appelés pour éclairer le Ministre de la guerre, qui doit lui faire son rapport.*

Le Ministre, qui en a le mérite, pensait alors, comme aujourd'hui, que l'arbitraire était toujours le plus mauvais conseiller, et il s'est empressé de l'écarter, afin que sa religion ne fût jamais surprise.

Il est évident que le Ministre, guidé par les notes des chefs, désigne lui-même *(sous sa responsabilité propre)* les officiers qui lui semblent dignes de récompense.

C'est là aussi de l'arbitraire.

Dans aucun temps, et chez aucun peuple civilisé, le droit de punir et le droit de récompenser n'ont été assimilés. Ils ne sont effectivement pas assimilables, en raison de leur essence différente. Il faut des garanties à l'accusé, et nulle responsabilité personnelle n'est assez forte pour frapper *proprio motu.*

Le discours de M. le Ministre est instructif et l'analyse en est facile :

1° Il y affirme son droit absolu de prendre les mesures qu'il a mises à exécution.

Affirmer n'est pas prouver. Ce droit, comme nous le démontrerons plus loin, n'est écrit dans aucune loi. Il n'a pour lui que l'*interprétation* du Conseil d'Etat, en cela, malheureusement, en désaccord formel avec la loi.

2° Il se couvre d'un précédent de même nature, mais il oublie complètement de citer le précédent créé par l'article 36 de la loi du 1er mars 1831, seul précédent légal, absolu, parce qu'il est écrit.

La théorie des précédents est une détestable doctrine; car, lorsqu'ils sont contraires à la loi et à son essence, ils créent la jurisprudence de l'arbitraire.

3° Il énumère les diverses catégories des officiers à mettre en retraite d'office, et indique l'enquête à laquelle il s'est livré dans ses bureaux.

Enquête et conseil d'enquête sont fort différents. L'enquête dont parle M. le Ministre est une vraie procédure secrète. Le conseil d'enquête est une procédure publique, l'officier est entendu; il peut se défendre, se justifier, et c'est le seul moyen possible d'empêcher une erreur regrettable et un déplorable arbitraire.

Je représenterai encore les paroles de M. le maréchal Soult, présentant la loi de 1834, qui nous régit. Il est à peine utile de faire remarquer que cette loi fut présentée pour faire cesser la précarité de l'état de l'officier, précarité dont on avait fait l'épreuve depuis quinze ans.

« Mais, qu'a fait le Roi? A-t-il voulu jouir de cette prérogative? Du tout. Il s'est lui-même imposé des limites, il a restreint cette faculté. Ainsi, par l'ordonnance du 2 novembre, il a indiqué *que des Conseils d'enquête* (et non enquêtes) *seraient toujours appelés* pour éclairer le Ministre de la guerre, qui doit lui faire son rapport. Le Ministre, qui en a le mérite, pensait alors, comme aujourd'hui, que l'arbitraire était toujours le plus mauvais conseiller, et il s'est empressé de l'écarter, afin que sa religion ne fût jamais surprise. »

Voilà des paroles que M. le Ministre aurait bien dû peser dans sa conscience, elles l'auraient éclairé.

4° La comparaison établie par M. le Ministre, entre le droit de récompense et le droit de punir, est inadmissible; on ne peut comparer que des quantités de même nature.

L'erreur commise dans une récompense est un léger mal, elle n'engage que la responsabilité propre du chef; mais celle commise en délaissant les garanties, peut devenir une horrible iniquité.

La question est maintenant très-nettement posée :

1° Le *droit absolu* de mettre en retraite d'office existe-t-il? S'il existe, dans quelle loi se trouve-t-il?

2° Quand ce droit vient à exister, M. le Ministre a-t-il le droit de le faire sans l'avis d'un Conseil d'enquête et celui des chefs de corps? Y a-t-il une loi qui le lui accorde, ce droit, ou bien qui lui impose l'obligation du Conseil d'enquête?

3° Dans la mesure qui vient d'être appliquée, et où la classification de M. le Ministre a nettement désigné les catégories d'officiers qui devaient être atteintes, les garanties légales ont-elles été observées?

S'il est possible de prouver la négative sur tous ces points, la mesure qui vient d'être appliquée, mauvaise déjà par elle-même, devient absolument illégale. C'est ce que nous allons essayer de démontrer d'une manière irréfutable.

Avant d'entrer dans l'étude légale de ma cause, je vais citer deux lettres qui prennent naturellement leur place à la suite du discours ministériel.

Le 3 septembre dernier, un décret de mise à la retraite d'office frappait 19 capitaines de frégate *de différents âges.*

Les uns presqu'à la fin de leur carrière ; les autres ayant encore un laps de temps assez considérable à parcourir pour y arriver.

Parmi ces derniers se trouvait l'auteur de ce mémoire, le capitaine de frégate Lopez, âgé de 49 ans, ayant 5 années de grade et 9 ans à courir avant d'avoir atteint la limite d'âge.

Cet officier comptait 252 mois de services à la mer, temps considérable et que bien peu d'officiers peuvent présenter, plus 145 mois de services à terre. Ainsi qu'il l'établira plus loin, sa navigation avait été suspendue par des causes entièrement indépendantes de ses vœux et de sa volonté depuis sa nomination au grade de capitaine de frégate. Ce fut avec le plus douloureux étonnement qu'il reçut la lettre suivante :

LETTRE-CIRCULAIRE

« *Paris, 7 septembre 1875.*

» Monsieur le Commandant,

» J'ai l'honneur de vous informer que, par un décret en date du 3 sep-
» tembre courant, le Président de la République vous a admis, sur ma pro-
» position, à faire valoir vos droits à la retraite, à titre d'ancienneté de services
» *et d'office.*

» Si, dans les dernières années de votre carrière, vous vous êtes tenu
» écarté du service à la mer, vous avez cependant rendu à l'Etat des services
» honorables autant que dévoués.

» Le département les aurait encore utilisés dans les services à terre, si des
» excédants d'effectifs ne lui imposaient l'obligation impérieuse de rentrer
» dans les limites du cadre fixé pour les officiers de votre grade et de n'y
» conserver que les plus actifs comme les plus aptes à être employés à la mer.

» Recevez, etc.

» *Le Ministre de la marine et des colonies,*
» **MONTAIGNAC.** »

Le 17 septembre, lorsque le capitaine de frégate Lopez fut assez remis de
cette affreuse secousse pour envisager de sang-froid la position qui venait de
lui être faite, il écrivit et expédia au Ministre la protestation suivante :

» *Brest, le 17 septembre 1875.*

» Monsieur le Ministre,

» J'ai l'honneur de vous accuser réception de la lettre où vous me notifiez
» ma mise en retraite à titre d'ancienneté de services *et d'office.*

» Je l'ai reçue avec le plus douloureux étonnement. Rien dans la quantité
» ni dans la nature de mes services ne peut la justifier.

» Il y a actuellement 33 ans que je suis au service; j'ai navigué pour
» ainsi dire d'une manière absolument continue pendant 22 ans.

» Depuis que j'ai été nommé capitaine de frégate, je n'ai pris ni congés,
» ni résidence, espérant qu'à force de patience j'arriverais à me créer des titres;
» je n'ai jamais refusé aucune espèce de corvées; je ne suis point arrivé à un
» âge trop avancé; j'avais 44 ans lorsque je fus nommé capitaine de frégate, et
» Dieu m'a fait la grâce de rester jeune, fort et robuste comme on l'est rare-
» ment à 49 ans.

» Vous avez eu entre les mains la preuve écrite que je désirais naviguer.
» D'autre part, je ne suis pas resté inactif. Depuis 1872, époque de mon
» débarquement de la *Marne*, j'ai produit des travaux; des essais ont été faits
» officiellement sur une hélice, et j'achevais, au moment où j'ai été atteint, un
» troisième travail que vous allez recevoir sous peu de jours.

» Je ne suis donc, Monsieur le Ministre, dans aucune des conditions que
» vous avez énumérées vous-même à la tribune.

» S'il existe un autre motif, je l'ignore, par le seul fait que les notes de
» l'officier sont confidentielles; mais quel que soit le degré de confiance que
» l'on puisse donner à une mauvaise note, je puis affirmer, Dieu m'en est
» témoin, que je n'en ai réellement mérité aucune qui pût avoir une impor-
» tance réelle à me poursuivre.

» Quand j'ai obtenu d'être décoré pour mes bons services, cette note,
» quelle qu'elle fût, était certainement effacée.

» Je n'ai connu que les épines de ma profession. La dernière a été un
» poignard.

» Il n'est ni juste ni légal de condamner quelqu'un sans l'entendre, et si
» quelque chose pouvait effacer la douleur d'une carrière injustement brisée,
» ce serait le cri général de l'opinion publique du port, où je suis mieux connu
» que chez vous, qui réprouve unanimement l'arrêt qui m'a frappé.

» Voilà pourquoi, Monsieur le Ministre, fort de mon bon droit et de ma
» valeur, je proteste contre cette mesure, la subis et ne l'accepte pas.

» Vous regretterez, j'en suis certain, Monsieur le Ministre, alors que vous
» serez mieux informé, de m'avoir frappé d'une disgrâce imméritée.

» J'ai, etc...

» LOPEZ. »

Cette protestation manifestait clairement l'intention fermement résolue. de poursuivre la réparation du tort illégal qui m'était fait par tous les moyens de droit mis à ma disposition et de demander, sinon l'annulation du décret qui m'avait condamné prématurément à la retraite, au moins qu'il fût subordonné à la décision d'un conseil d'enquête indispensable à cause de mon temps de mer et du temps de grade où l'on était venu me prendre.

Cette mise en retraite de quelque manière qu'on la présentât était un châtiment.

Loi de 1834 (19 Mai) sur l'état de l'Officier

TITRE Ier.

Le grade est conféré par le roi, il constitue l'état de l'officier. L'officier ne peut le perdre que par une des causes ci-après :

1° Démission acceptée par le roi.

REMARQUE UTILE. — Les personnes qui invoquent à propos des mises en retraite le droit réciproque du Ministre, peuvent voir au premier article que l'officier peut donner sa démission.

Le Ministre a-t-il le droit corrélatif de la lui imposer ? Non. L'officier possède donc des droits que le Ministre ne peut avoir.

Les articles 2, 4, 5, 6 ont trait à des affaires de jugement et de conseil de guerre.

Deux articles sont en outre consacrés aux officiers en non activité, absents illégalement depuis trois mois en France et depuis 15 jours à l'étranger.

TITRE II

Des positions de l'Officier.

Les positions de l'officier sont :
1° L'activité.
2° La disponibilité. — La non activité ;
3° La réforme ;
4° La retraite.

Les dispositions relatives à la disponibilité, à la non activité, n'ayant aucun rapport avec le but et la cause du présent mémoire je n'en parlerai pas. Je ne m'occuperai que de la réforme et de la retraite.

§ III. *De la Réforme*

La réforme est la position de l'officier sans emploi qui n'étant plus susceptible d'être rappelé à l'activité, n'a pas de *droits acquis à une pension de retraite.*

La réforme peut être prononcée :
Pour infirmités incurables ;
Par mesure de discipline.

La réforme pour infirmités incurables sera prononcée par les formes voulues par la loi du 4 avril 1831 sur les pensions de l'armée de terre.

Un officier ne peut être mis en réforme pour cause de discipline que pour l'un des motifs ci-après :
Inconduite habituelle ;
Fautes graves dans le service ou contre la discipline ;
Fautes contre l'honneur.

Prolongation au-delà de trois ans de la position de non activité, sauf les restrictions énoncées dans l'article suivant :

La réforme par mesure de discipline des officiers en activité et des officiers en non activité sera prononcée par décision royale, sur le rapport du Ministre de la guerre, d'après l'avis d'un conseil d'enquête dont la composition et la forme seront déterminées par un règlement d'administration publique.

La réforme, à raison de la prolongation de la non activité pendant trois ans, ne pourra être prononcée qu'à l'égard de l'officier qui, d'après l'avis d'un conseil d'enquête, aura été reconnu non susceptible d'être rappelé à l'activité. Les avis du Conseil d'enquête ne pourront être modifiés qu'en faveur de l'officier.

DE LA RETRAITE

La retraite est la position définitive de l'officier rendu à la vie civile et admis à la jouissance d'une pension, *conformément aux lois en vigueur.*

Le dualisme de la retraite et de la pension, complètement indiqué par, *les lois en vigueur.*

La loi sur l'avancement des officiers ne contient aucune disposition relative à la fixation de l'époque de la mise à la retraite.

Loi du 18 Avril 1831

TITRE Ier.

Pensions militaires pour ancienneté de services.

ARTICLE 1er. — *Le droit à la pension de retraite* (ET NON A LA RETRAITE), est acquis pour les officiers de marine et pour les marins de tous grades, à 25 ans accomplis de service effectif.

Fixation de la limite d'âge pour la cessation des services d'activité des officiers des différents corps de la marine

Décision impériale du 6 Mars 1867. (Bulletin officiel.)

« Messieurs,

» Par une décision impériale du 6 Mars 1867, la limite d'âge fixée pour » l'*admission à la retraite* des offficiers des différents corps de l'armée de » terre, a été appliquée à la marine. »

Telles sont les dispositions organiques de l'état de l'officier.

M. le Ministre de la marine a affirmé en pleine Chambre qu'il avait le *droit absolu* de prononcer la retraite d'office.

Il n'en est pas dit un seul mot, pas un seul, dans aucun texte de loi. Le silence de la loi, que dis-je, des lois, est significatif. — Ce serait une étrange théorie que celle en vertu de laquelle, après avoir énuméré tous les cas spécifiés par la loi, on pourrait conclure qu'elle entendrait conférer les pouvoirs dont elle ne parlerait pas et qui seraient contraires à son essence même ; il serait plus simple d'imprimer le code en blanc.

Par le seul fait que le droit absolu dont parlait M. le Ministre n'existe dans aucun texte, le droit perd son caractère d'absolu et ne peut plus être qu'un droit d'interprétation ; il y a donc lieu de pousser les recherches sur les différentes positions de l'officier, et comme la réforme et la mise en retraite d'office ou non d'office excluent formellement le rappel à l'activité, ce sont ces deux positions qu'il convient d'examiner.

Le vocable retraité d'office n'est point édicté directement par la loi qui est muette à son égard. Cependant, il s'y trouve implicitement, et cette situation nous engage à parler directement de la position de retraite ; car elle sert de pivot à l'argumentation du Ministre qui conduit à violer la loi, et à l'argumentation légale qui permet de dégager du texte où elle n'est pas écrite directement la définition de la retraite d'office.

Il convient donc de donner ici quelques explications sur les pensions de retraite : — Bien que le raisonnement s'étaie sur le même principe pour les armées de terre et de mer, il est encore corroboré, pour la dernière, par ce fait que la Caisse des Invalides, qui paye les pensions de retraite de la marine, est une caisse professionnelle administrée par l'Etat, et non une caisse de l'Etat. Elle est d'après sa définition légale : *elle est la propriété des marins.*

Tout officier ou marin y verse mensuellement 3 p. 0/0 de ses appointements. Une loi portant règlement d'administration, fixe à 25 ans l'époque à laquelle *le sociétaire* a droit de participer aux bénéfices.

Si l'officier continue à servir, un autre article accorde un maximum, certaines conditions une fois remplies, et s'il a 12 ans de grade, un cinquième en sus. Ce point fixé, tant qu'il ne change pas de grade, il continue ses versements sans modifier le *quantum* de sa pension.

Il en résulte que la Caisse des pensions n'est dans les mains du Ministre qu'à titre de surveillance administrative. L'acquisition du droit à la pension *est un droit exclusivement personnel à l'officier*, et que par suite il ne peut y avoir là jour pour un contrat bilatéral entre le Ministre et ce dernier.

En ce cas, comment peut se produire la retraite d'office ?

La loi sur la réforme établit que :

La réforme est la position de l'officier sans emploi qui, n'étant plus susceptible d'être rappelé à l'activité, *n'a pas de droits acquis à la pension de retraite.*

Conseil d'Etat. — Ordonnance du 27 avril 1841.

« Considérant que les règles tracées pour les réformes ne sont pas applicables
» à la retraite.... »

Oui comme pension, mais non comme Conseil d'enquête. Il faut bien que les motifs soient prouvés.

Dans ces conditions, entre 7 et 20 ans de service, l'officier réformé a droit à un traitement temporaire ; à partir de 20 ans de service, à une pension proportionnelle.

Si l'officier a plus de 25 ans de service, il a droit à une pension de retraite et on ne saurait lui appliquer la réforme.

Mais il peut s'être mis dans les cas prévus par le § III. Le Conseil d'enquête l'atteindra par suite et, suivant sa décision, l'officier sera mis, non pas en réforme, mais *à la retraite d'office*.

Le vocable *retraite d'office* est donc, sauf le cas d'infirmités incurables, un indice de culpabilité. Il implique forcément un blâme pour l'officier auquel il s'applique.

Si l'officier demande et obtient sa retraite avant la *limite fixée pour la cessation de ses services et son admission à la retraite*, il y est admis à titre d'ancienneté de services.

Le libellé de la notification de ma mise en retraite comportait : à titre d'ancienneté de services *et d'office*.

Ce dernier terme correspond très-bien à l'énumération de M. le Ministre. C'est bien une épuration faite sous le couvert d'une nécessité impérieuse. Mais en agissant ainsi le Ministre a violé la loi ; il devait convoquer un Conseil d'enquête dont il ne pouvait se passer sans tomber dans la dictature de l'arbitraire.

Je pense qu'il est démontré clairement que M. le Ministre n'a pas le *droit absolu* de donner des retraites d'office et qu'il n'a que le *droit relatif* conféré par la loi avec l'emploi des moyens légaux et des garanties de procédure ordonnées par le législateur de 1834.

Un courant d'opinions beaucoup trop accrédité, bien qu'il manque absolument de bases, prétend créer une obligation synallagmatique et bilatérale entre l'officier et le ministre.

C'est-à-dire qu'à partir de 25 ans de services, l'officier ayant le droit de prendre sa retraite, quand il le veut, le Ministre aurait, par réciprocité, le droit de la lui imposer quand il le jugerait convenable.

Ce raisonnement n'est que spécieux ; que dis-je, il ne l'est même pas ; il constitue un monstrueux sophisme de la plus dangereuse espèce, car il suffit à lui seul pour détruire les garanties de la loi de 1834, et ouvrir la porte à un arbitraire sans frein.

Si cette jurisprudence ministérielle était adoptée et qu'elle dût prévaloir, les officiers de terre et de mer retomberaient dans cette instabilité qui existait avant 1834, dont de nombreux exemples avaient démontré la funeste influence, et à laquelle avait voulu mettre fin le législateur de 1834.

Il est du reste excessivement facile de prouver que cette obligation bilatérale n'existe pas.

L'officier peut résigner son grade par sa *démission acceptée par le roi.*

Nous allons retrouver ici la même analogie entre la démission et la retraite que pour la réforme et la retraite d'office.

L'officier qui veut se retirer du service, peut vouloir le faire avant 25 ans de services ou après 25 ans de services.

Dans le premier cas, il se retire en donnant sa démission pourvu qu'elle soit acceptée ; dans le second, il prend sa retraite ; encore faut-il que cela soit fait en temps utile.

Dans la discussion de la loi du 19 Mars 1834, le Ministre de la guerre déclara : Que tout en conservant le principe qu'il ne voulait pas garder au service contre son gré l'officier qui voulait se retirer, le Roi entendait se réserver la faculté de l'y maintenir, soit quand les besoins du service l'exigeraient, soit pour éviter à l'officier un coup de tête qu'il pourrait regretter plus tard.

Ainsi, l'officier peut donner sa démission. Le Ministre peut-il la lui imposer ? Non.

Le contrat synallagmatique n'existe pas encore ; il attendra 25 ans de services pour se produire, et, chose étrange, il deviendra tellement synallagmatique, que les garanties légales cesseront, à partir de cette époque, d'exister pour l'officier.

Avant 25 ans de services, si l'officier est accusé, il sera jugé, mais entendu ; il pourra se défendre, se justifier même. Mais après 25 ans, cela ne lui sera plus permis. Et s'il y a erreur ou calomnie ?

Est-ce soutenable ?

Il suffit d'avoir mentionné ce qui précède, pour faire voir à quelle étrange inconséquence on se trouve conduit avec ce prétendu contrat, pour démontrer qu'il n'existe pas.

Moniteur de 1834. — Lors de la discussion de la loi de 1834, soit à la Chambre des Députés, soit à la Chambre des Pairs, le Ministre de la guerre affirma *le grade propriété de l'officier*. Un pair de France, le maréchal de Grouchy, trouvait que les Conseils d'enquête, dont on a fait cette fois si bon marché, au moins pour ce qui me concerne, n'étaient pas une garantie assez forte. A cette époque, le Gouvernement et les Chambres étaient d'accord pour garantir la stabilité de la position de l'officier.

Jamais loi ne fut plus sincère, ni plus sincèrement acceptée, tant elle était nécessaire.

J'ai cité plus haut les déclarations du maréchal Soult, parlant en son nom et au nom du Roi. Il restait complètement établi que l'arbitraire était complè-tement banni *(on le croyait, du moins)* et que le Ministre ne pouvait, ne devait se servir que des moyens légaux.

Je n'ai pas fini avec les conséquences étranges de ce prétendu droit.

Dans l'Administration de la marine, tout officier d'administration qui a navigué pendant six ans, a droit à la pension de retraite à 25 ans de services effectifs ; sinon, il lui en faut 30.

Eh bien! dans le cas d'un coup de sabre, ceux qui, au prix d'un service plus dur auraient acquis cette faveur, seraient les seuls à pouvoir être atteints ? — Non, le droit à la pension de retraite, droit qui est la propriété exclusive, personnelle de l'officier, ne peut pas, hors les cas légaux, se retourner contre lui et devenir une arme dans la main d'un ministre.

Le bon sens, l'équité, le droit, la loi, sont parfaitement d'accord.

Toute la théorie de M. le Ministre, toute son argumentation pour prouver son *droit dictatorial,* repose entièrement sur la souveraineté du but. C'est là le principe révolutionnaire par excellence. C'est une doctrine et une pratique détestables.

5

Un ministre, dans des temps orageux, n'aurait aucune difficulté pour sabrer les officiers dont les opinions seraient contraires à celles du moment.

Cette mesure, à cause de son illégalité et même en dehors de son illégalité, est on ne peut plus dangereuse ; elle ne peut conduire qu'à l'abaissement des caractères. — Et dans quel but le Ministre pourrait-il être armé de ce pouvoir illimité, d'un arbitraire si dangereux ? N'a-t-il pas en main tous les moyens légaux qui visent absolument toutes les circonstances possibles ?

S'il pouvait en être ainsi, nos lois que nous connaissons et qui se taisent à ce sujet, nous tendraient un piége redoutable puisqu'elles dissimuleraient une condition très-importante.

Il y a des articles secrets dans les traités ; dans les lois, jamais. Une des équivoques sur lesquelles roule l'argumentation de M. le Ministre, et il faut le dire, hélas ! les arrêtés du Conseil d'Etat, est celle-ci : *Du droit à la retraite* et du *droit à la pension de retraite.*

Ces deux données marchent parallèlement et ensemble ; mais sans jamais se confondre.

Le droit à la retraite, le droit légal et absolu (sauf les restrictions légales), le droit *véritablement synallagmatique*, est fixé par la décision impériale du 6 Mai 1867 portant fixation *de la limite* (ET NON DES LIMITES) d'âge pour la *cessation des services d'activité* des officiers des différents corps de la marine.

Voilà le vrai et le seul droit à la retraite ; mais il n'y a qu'une seule limite, variable à chaque grade, mais immuable pour chaque grade.

Examen de la Jurisprudence du Conseil d'Etat.
Ses décisions

Paroles de M. de Vuitry, 1853. — *Corps législatif.*

« Entre les militaires et les fonctionnaires civils, il y a cette différence que quand les premiers ont rempli les conditions exigées pour obtenir la pension de retraite, l'Etat ne peut repousser la demande qui lui est faite, tandis que pour les fonctionnaires civils, jamais ce principe n'a été admis. »

Se rappeler la déclaration du maréchal Soult, à propos des démissions.

DALLOZ, 171. Sect. 4, § 4.

Au reste, l'officier qui réunit les conditions exigées *par la loi pour la retraite*, peut y être admis d'office et sans qu'il l'ait sollicitée.

Toujours la même confusion.

La demande à fin de réintégration dans les cadres de l'armée active d'un officier mis à la retraite, n'est pas de nature à être déférée au Conseil d'Etat par voie contentieuse.

27 avril 1841. — *Conseil d'Etat.*

Nous, Louis-Philippe, etc.

1° Considérant qu'il nous appartient de mettre à la retraite un officier qui réunit le temps de service exigé par la loi du 11 Avril 1831, pour avoir droit à la pension ;

Dans quelle loi ?

Considérant que le sieur N. avait plus de 30 ans de service lorsqu'il fut mis à la retraite ;

2° Considérant que les règles tracées pour la réforme ne sont pas applicables à la retraite ;

Pourquoi ?

Là, il y a encore la confusion des pensions.

3° Considérant que la demande de réintégration n'est pas de nature à nous être déférée par la voie contentieuse, etc., etc.

Dernièrement encore une requête présentée par un capitaine de frégate mis en retraite d'office, a été rejetée par le :

Considérant d'une part que par application de l'article 1er de la loi du 18 Avril 1831, le Ministre de la marine a le droit d'admettre à la retraite d'office les officiers qui ont accompli 25 ans de services.

Cet article ne vise que le droit à la pension et non le droit à la retraite.

Telle est pour l'instant la jurisprudence du Conseil d'Etat.

Si cette jurisprudence est basée sur la loi, tout officier atteint, *même sans motifs légitimes*, n'a qu'à courber la tête ; si telle est la loi *dura lex, sed lex* ; mais il ne faut pas oublier qu'à côté on rencontre le *summum jus, summa injuria*.

Il ne faut pas oublier que les notes des officiers sont secrètes et confidentielles. Qu'une seule mauvaise note, vraie ou non, suffit pour écraser toute une carrière, sans que l'officier en ait connaissance, ni puisse s'en laver.

Je crois avoir démontré suffisamment que le droit absolu du Ministre n'existe pas, vu qu'il n'est écrit dans aucun texte de loi ; que, comme droit d'interprétation, il n'existe pas davantage, vu qu'il est contraire à la lettre et à l'esprit de la loi de 1834, qui a voulu absolument garantir l'état de l'officier qui ne pouvait le perdre ni le voir amoindri sans les formalités et garanties légales.

Il est attristant de penser qu'une opinion contraire ait pu se produire. Postérieure à la loi sur les pensions de retraite, la loi de 1834 aurait remédié aux dispositions contraires au but qu'elle se proposait, s'il s'en était trouvé.

Les considérants nos 1 et 2, sont au fond le même ; ils constituent une pétition de principe des plus hasardées.

Le no 2 a une singulière portée : avant 25 ans de service, un officier accusé à tort ou à raison, pourra se défendre et se justifier ; après 25 ans de service, cela lui serait interdit, même quand il aurait raison.

C'est ici le lieu de citer une erreur commise dans le grand coup de sabre de l'amiral Hamelin. Il arriva qu'un lieutenant de vaisseau fut mis en retraite à la place de son homonyme ; cet officier était personnellement connu du

Ministre ; des officiers supérieurs et généraux s'intéressèrent à lui. L'erreur fut reconnue, mais on refusa de la réparer ; on lui donna une compensation.

Ce seul fait suffit pour prouver l'absolue nécessité de ne pas se départir des formes légales, et combien est fausse cette pratique de ne pas réparer une erreur. Quoi, c'est la plus grande puissance sociale, l'Etat, qui ne pourrait réparer ses fautes ?

Le troisième considérant est de la même nature que les deux premiers. Il ferme complètement la porte. Mais il est en opposition formelle avec le droit public français. Il existe toujours un tribunal suprême pour les actes juridiques et administratifs.

Ce considérant ne fait que confirmer la perte des garanties, c'est une fin de non recevoir.

Je conclus : L'ordonnance du 27 Avril 1841 n'est pas fondée en droit, elle est contraire à la loi de 1834 et au vœu du législateur. Quand elle applique la loi du 18 Avril 1831 sur les pensions de retraite, elle fait confusion entre la retraite et la pension. L'article de la loi de 1834 dit formellement :

« Position définitive de l'officier rendu à la vie civile et admis à la jouissance d'une pension, conformément aux lois en vigueur. » (*Et non à la loi.*)

Il me paraît évident que cette jurisprudence a suivi les anciens errements administratifs et qu'elle n'a pas tenu compte des modifications qu'y avait apporté le législateur de 1834.

L'on ne peut pas non plus imaginer que le prétendu droit absolu du Ministre fût tel qu'il pût, suivant son bon plaisir, mettre en retraite d'office tel ou tel officier. Ce droit serait essentiellement contraire à un des grands principes constitutifs de notre société : Tous les Français sont égaux devant les charges et emplois de l'État. Ce principe est vrai dans toutes ses subdivisions ; c'est ce qui fait que la mesure que je combats devait être générale, sous réserve des cas légaux. Le Ministre l'a si bien senti qu'il a fait une façon d'enquête. Mais, en agissant ainsi, il a passé à côté de la loi et il s'est privé des garanties qui lui auraient épargné une de ces erreurs qu'un honnête homme doit regretter amèrement ; il a pesé les services, mais (je n'aime point à faire de personnalités ni ne veux en faire), mais bien des personnes peuvent demander, comme je le fais, avec quels poids? Ils avaient évidemment besoin d'être vérifiés.

§ II. — S'il ne s'était agi que de traiter le point de droit, la première partie de ce mémoire suffirait; mais je n'ai point le mandat de défendre des intérêts généraux. J'en ai parlé parce qu'ils intéressent directement ma cause, et c'est ma propre cause que j'entends défendre.

M. le Ministre de la marine a énuméré les catégories des officiers à mettre en retraite. Dans ma protestation, j'ai eu l'honneur de présenter sommairement tous les points qui me mettaient en dehors de son programme et qui m'ont donné la conviction certaine qu'il y avait une autre cause.

Voici quelle est ma situation en face de l'énumération de M. le Ministre :

Mes états de service, relevé officiel, constatent 252 mois de mer et 145 mois de services à terre.

Il est très-difficile et très-rare de trouver des officiers présentant un pareil effectif de services à la mer... *réelle*.

Je suis un des officiers de marine qui ont le plus navigué.

1° L'activité dans les grades subalternes ne m'a donc pas manqué.

2° Pour ce qui concerne l'*officier usé*, aucun conseil de santé ne pourrait me prendre au sérieux si je me présentais dans ce sens. — Encore un point où je ne suis pas dans le programme.

3° Je ne me suis pas tenu écarté du service à la mer; il n'a pas dépendu de certains de mes chefs, que je ne fusse pourvu d'un navire; mes goûts, mes vœux, mes habitudes, mon intérêt même, tout me poussait à naviguer. — Et de trois.

4° Je ne me suis pas ingénié à ne pas fournir des preuves de mon activité, c'est plutôt le contraire que l'on pourrait me reprocher. Je n'ai décliné aucune corvée et je suis resté à faire du service au port sans prendre de congés ni de résidence, afin d'être toujours sous la main.

Voilà une situation bien claire! Si, dans ces conditions, la retraite d'office, car c'est son véritable nom, est venue m'atteindre, c'est que mes services ont dû être bien mauvais et bien peu suffisants.

Ceci, j'ai plus que des raisons pour ne pas le croire. J'ai mis trente-trois ans de volonté persévérante à gagner cette certitude. Il existe dans les ordres de l'escadre de la mer Noire, à propos d'un ordre du jour de l'amiral Hamelin, quittant l'escadre, un paragraphe qui me concerne et qui est assez élogieux pour prouver et ma valeur maritime et mon zèle. J'étais, à cette époque, chargé d'un service fort rude et fort difficile.

Ainsi que je l'ai déjà dit, les notes des officiers sont secrètes et confidentielles. Dans l'armée de terre, aux inspections générales, les officiers mal notés en sont prévenus; ils peuvent ou se justifier ou s'amender. Dans la marine, cela ne se passe pas ainsi, et un officier est souvent poursuivi d'une manière implacable par une note quelquefois fausse.

C'est alors que la sagesse du législateur éclate, quand il a parlé du Conseil d'enquête. Dans la marine, plus que partout ailleurs, il est indispensable; et, je le dis hautement, si M. le Ministre m'y avait soumis, comme c'était mon droit et son devoir, j'en aurais retiré plus que l'indemnité.

Pour être mis en retraite à 49 ans, en n'ayant accompli que le tiers de mon temps de grade, après une quantité de mer aussi considérable, pour que j'aie été placé hors la loi commune qui régit mes collègues, il faut qu'il y ait dans mon passé une cause (vraie ou non), et la mesure qui vient de briser ma carrière est un châtiment.

Je n'en mérite pas, loin de là! C'est un traitement indigne que je subis; c'est une grave injure et une immense injustice! C'est l'honneur de mes services que je prétends défendre; c'est la tare que le décret du 3 Septembre m'a imprimée, que je veux détruire; c'est le grand jour, la pleine lumière que je veux; c'est, en un mot, le Conseil d'enquête que je sollicite! Au moins, je puis m'y présenter le front haut; et, s'il y a eu des notes calomnieuses, il me sera plus que facile d'éclairer la religion de M. le Ministre, qui a été surprise par cette enquête souterraine, véritable procédure secrète!

BREST, — IMPRIMERIE DE J. B. LEFOURNIER AÎNÉ, GRAND'RUE, 86.